Janosch

Ich liebe eine Tigerente

Janosch

Ich liebe eine Tigerente

Kleiner
Beziehungsberater

Mit einem Nachwort
von Wolfgang Schmidbauer

Reclam

RECLAMS UNIVERSAL-BIBLIOTHEK Nr. 14320
2022 Philipp Reclam jun. Verlag GmbH,
Siemensstraße 32, 71254 Ditzingen

Text: Janosch
Copyright: © Janosch / Little Tiger Verlag GmbH,
Gifkendorf 1998.

Umschlagillustration: Janosch
Druck und Bindung: Druckerei C.H.Beck,
Bergerstraße 3–5, 86720 Nördlingen
Printed in Germany 2022
RECLAM, UNIVERSAL-BIBLIOTHEK und
RECLAMS UNIVERSAL-BIBLIOTHEK sind eingetragene Marken
der Philipp Reclam jun. GmbH & Co. KG, Stuttgart
ISBN 978-3-15-014320-9
www.reclam.de

Inhalt

»Was findest du herrliches Wesen von einem Günter bloß an dieser erbärmlichen Ente aus Holz? Der du schöner bist als der wundergrüne Mai. Du kannst singen, springen, dödeln und dudeln und quaken wie ein Rocker. Sie aber kann nichts, ist aus Holz, kann nicht singen, nicht springen und ist auch nicht reich. Was also findest du an dieser Ente?«

Ich sage es euch:

ICH LIEBE SIE.

Kennt ihr das nicht?

Wenn es euch herzmäßig ergreift? Der Blitz schlägt ein und alles flimmert und glimmert in der Seele wie Lametta? Du kannst nicht mehr sitzen, nicht mehr stehen, liegen, nur noch hüpfen wie ein Frosch und bist total meschugge? Du willst immer nur küssen, bis du tot von der Mauer fällst?

Das kennt ihr doch, oder etwa nicht? Na also. Eines Tages traf es uns wie ein Blitzdonner im Sommerregen.

Sie stand dort irgendwo neben einem dämlichen kleinen Tiger, ich kam vorbei, ein Blick aus ihrem Auge, und schon lief es mir eisheiß durch die Seele. Ich ergriff ihre Schnur und sofort lief sie mir nach, indem ich nur an der Schnur zog und sonst nichts weiter tat.

Und ab da gehörte sie mir.

Wir gingen zu mir nach Haus, dort wartete mein Karton. Wir legten uns nieder und die Liebe zwischen uns war sofort total für ewig. Nachts schliefen wir im Karton, und weil er so eng ist, lag sie draußen. Was viel besser für sie war, denn draußen hatte sie mehr Platz, konnte sich drehen und wenden, wohin sie nur wollte. Denn die wahre Liebe muss bescheiden sein und dem anderen den besseren Liegeplatz gönnen.

Alles sah also sofort sehr gut aus für unsere Liebe.

Nun muss ich noch erwähnen, dass sie sehr günstig in der Anschaffung war. Sie kostete mich fast nix. Null Euro, zero, keinen Peso.

Weil dieser Tiger ja nicht merkte, dass sie mir nachlief. Und seither sind wir also sehr billig zusammen. Und sie folgt mir, wohin ich gehe und springe durch die Freuden und Leiden des Lebens, des Leibes und der

Seele. Gehe ich schnell, folgt sie mir schnell, gehe ich langsam, dann folgt sie mir langsam. Nach links, nach rechts und über Stock und Stein. Leide ich viel, leidet sie viel. So muss die wahre Liebe sein.

Kennt ihr das? Immer zusammen auf Ewigkeit, und küssen und küssen und küssen? Das ist wahrlich der Gipfel des irdischen und himmlischen Existenzmaximums – wow! Und bitte merkt euch: Liebe darf in der Anschaffung und im Aufenthalt nicht teuer sein, denn die Pesos brauchen wir doch für Cheeseburger mit Fritten.

Zuerst braucht jede Liebe ein Haus. Ich stellte also den Karton auf und sprach:

»Hier oben baue ich einen Dachgarten, wo ich Fliegen fangen und die Aussicht genießen kann. Und ganz unten baue ich dir ein persönliches kleines Entenklo, und damit es nicht so sehr stinkt, eine hydraulische Spülung, zwei Druckventile, einen Duftabzug, alles aus Gold, dann hast du etwas Wertbeständiges, oder?

Hier in der Mitte plane ich den gesamten Entenluxus der Welt ein: ein kleines Entenbettchen, ein Tischlein auf Rollen, die Wände schön tapeziert. Ich werde mit

dem Umbau anfangen, sobald ich günstig ein wenig Pappe in der Grundfarbe des Kartons finde.«

So sprach ich und machte sie so glücklich, dass ich weinen musste.

Jedoch schliefen wir zunächst weiterhin in dem Karton, ich also im Karton, sie hatte draußen sozusagen den ganzen Planeten für sich allein, konnte sich über die ganze Welt wälzen, wenn sie wollte. Nirgendwo ei-

ne Kartonwand, die sie einengte. Mehr kannst du einer Ente in der Liebe doch wohl nicht bieten, oder?

Die Leute werden mich vielleicht fragen:

»Aber kostet so eine Ente denn keine Steuern, keine Gebühren, denn sie hat Räder? Alles, was Räder hat, ist ein Fahrzeug. Fahrzeuge kosten Steuern.«

»Nein«, sage ich, »kostet keine Steuern. Denn würde sie Steuern kosten, hätte ich sie nicht erwählt. Sie kostet keine Kfz- und keine Vergnügungssteuer. Keine Machenschafts- und keine Gemeinheits- und keine Verluststeuer.

Keine Menschen-, keine Hunde-, keine Verehrungs- und keine Entbehrungssteuer. Jedoch nicht gut ist, dass ich keine Steuer*ermäßigung* und keine Studienbeihilfe für sie bekomme. Auch keinen Zuschuss wegen Unterbringung eines landwirtschaftlich nutzlosen Kleintieres, kein Kinder- und kein Wohngeld, keinen Zuschuss, keinen Vor- und keinen Hexenschuss. Kurzum: Ich bekomme nichts. Diese großen Nachteile ertrage ich *aus Liebe*, denn die wahre Liebe kennt keinen Profit, oder?«

Wir haben sehr viel gemeinsam, was die Voraussetzung für eine wahre Liebe sein muss. Wir diskutieren Tag und Nacht und ich trage ihr die Nutzlosigkeit jeder Regierung vor, welche den Fröschen keine Rente auf Lebenszeit bewilligt. Über den Sinn und die Nutzlosigkeit des menschlichen Lebens, über die vertikale Nutzbarkeit der trigonometrischen Flachgebiete neben den Flughäfen und Diskotheken innerhalb des diözösalen Dreiecks inklusive vertikal einsetzbarer Trampoline. Ferner über die Entwirrung männlich hormoneller Nutzlosigkeit mittels Aufstockung der staatlichen Zuschüsse für Kinderreichtum in den linken Schwimmbädereinbauten. Bei diesen Diskussionen bin ich stets der Sieger, weil sie nichts darüber zu sagen weiß.

Weil die Sinnlosigkeit einer jeden Nutzlosigkeit der Entwirrung ist schön

Oder wir schwimmen einvernehmlich gemeinsam im Stadtparkteich. Sie schwimmt unter mir, ich oben, denn unten hat sie viel mehr Spaß an der Wasserkühle. Und dann schaukeln uns die Wellen und die Liebe, als wären wir ein versinkbares Titanic-Schifflein.

Ihr wisst doch wohl, was ein Picknick ist? Einer kauft die herrlichsten Delikatessen, packt sie in einen Korb, und dann begeben sich die Liebenden in eine abgelegene Gegend. Sie breiten hinter einem Gebüsch ein Handtuch auf die grüne Wiese, alles wird ausgebreitet, und dann spachtel ich den gesamten Vorrat weg. Kandierte Regenwurmnudeln in Aspik mit Schillermotten gesotten. Mückenkompott aus der Tüte. Sie selbst isst wenig, Enten machen sich nicht so viel aus Aspik wie die Frösche. So ein Picknick der Liebe solltet ihr mal probieren, es ist der schönste Tag im Leben aller Liebespaare, aber total.

Nun ist es so, dass man an jedem Tag die totale Gewissheit für die echte Ewigkeit der wahren Liebe braucht.

Wir müssen also jeden Tag die andere Person fragen: »Wen liebst du wirklich? Doch wohl den Tiger, oder wen? Oder sprich mir nach: Ich liebe nur dich, Günter, und wenn du das nicht sofort sagst, ist Sense. Dann springe ich in den Kanal, ersäufe mich und du bist schuld und rettungslos allein.«

Ich frage dann: »Also liebst du mich? Sag es!«, und lasse sie heftig mit dem Kopf nicken, und dieses Problem ist vorerst wieder im Karton.

Also merkt es euch: immer fragen, fragen, fragen, bis einer tot vom Sofa fällt.

Doch wenn diese Ente so merkwürdig ins Leere blickt, ahne ich, dass sie noch diesen Tiger liebt.

Und dann schlage ich zu. Mit der Faust hau ich auf den Kasten und brülle: »Du sollst nicht den Tiger lieben, du Rabenaas. Sondern mich, den Günter.« Dann weiß sie schon mal wieder für eine Weile Bescheid. Man muss nur gehörig brüllen, dann kommt alles in Ordnung.

Oder kennst du das: Nachts liegst du einsam unter dem Firmament, keiner liebt dich so ganz sicher, keiner hilft dir in deiner Seelennot und du möchtest sterben. Kurz vor dem Ableben aber fällt eine Sternschnuppe vom Himmel und du kannst dir etwas wünschen. Und was wünschst du dir? Na? Du wünschst dir die bedingungslose Ehrfurcht und Ergebung deiner Ente. Du greifst vorsichtig hinter dich, ob sie noch da ist. Sie ist noch da.

Hat auf dich gewartet, treu und ergeben wie ein Stiefelknecht. Hat dir also in letzter Sekunde das Leben gerettet. Und dann wird geküsst und genudelt, wow! Das sind die schönsten Nächte in diesem erbärmlichen Leben, echt wahr.

Manchmal jedoch stürze ich mich in gefährliche Abenteuer, damit sie weiß, wen sie vor sich hat, und mich, den Günter, bewundert. Ich springe in den Stadtparkteich und tauche in die Tiefe des Weltenmeeres. Mit Taucherbrille. Damit sie mich anbetet bis über die Socken. Günter, den Herrscher der Tiefen, Sohn des Froschkönigs. Wenn ich auftauche, berichte ich, wie mein Vater, der König, dort unten zu mir sprach: »Hast du eine Braut, mein Sohn, damit du König werden kannst im endlosen Reich der Frösche, und kann sie tauchen?« Und ich sage, dass ich sagte: »Wohl das,

mein Vater, doch kann sie nicht tauchen, denn sie ist aus Holz. Holz schwimmt oben.« Und er sprach weiter: »Dann entscheide dich: Thron oder Ente!«

Also entschied ich: »Lieber die Ente, denn ich liebe sie. Die Liebe zählt mehr als jeder goldene Königsthron.« Dann muss sie mir so dankbar sein, dass ich wieder weinen muss. Das sind die schönsten Augenblicke der dankbaren Liebe und in der Bewunderung der eigenen Person.

Und nicht zu vergessen ist, dass diese Ente umweltfreundlich ist wie ein Hemdenknopf. Sie hat keine chemischen Zusätze im Holz, keinen Rinderwahnsinn und wurde nicht aus Regenwaldholz gesägt. Sie verschmutzt nicht die Luft mit Auspuffgasen und wirft keine Plastiktüten herum. Kurzum: Sie ist umweltmäßig voll geprüft und vom TÜV rettungslos zugelassen. Wer von euch kann das von sich behaupten, ihr Leute, der trete vor! Keiner.

Na also.

An manchen Tagen bereite ich ihr den schönsten Geburtstag meines Lebens. Ich überschütte sie mit teuren Blumen, kaufe ihr elegante rote Strümpfe für den Winter, schenke ihr eine moderne ferngesteuerte Fliegenfalle, kompatibel mit jedem Froschbein, bereite ein spendables Regenwurmspaghettinudelökomüsli und überhäufe sie mit schwülstigen Redensarten der Liebe im Übermaß, dass es nur so raucht. Und dann wird geschmaust und geludert, bis die Räder quietschen.

Nach dem Schmaus tanzen wir den blauen Tango oder den Rap von der »weißen Möwe«. Ich singe die Musik. Weil ich noch kein eigenes Radio besitze, stelle ich den Karton so hin, als wäre er ein Radio. Ich drehe an einem noch nicht eingebauten Knopf auf UKW 105,5. Innerlich bin ich ja voller Musik und höre in meiner Seele beliebig viele Tangos und Schnulzen. Ich halte sie zum Tanzen bei der Schnur wie ein Tangokönig seine Königin und wir schwofen auf Teufel komm raus.

»Rechts das Bein und links das Bein – und wieder eine Dre – – hung. Tschabalambadaritschritscha – bremsen!« Und ich sage: »Aber so herrlich hattest du es bei diesem Tiger nicht, oder was? Du Rabenaas!«

Dann sorge ich dafür, dass sie den Kopf schüttelt: »Nein, nicht so schön!«

Wenn ihr eure Kastenfroschliebe aber auf ewig erhalten wollt, ihr Leute, müsst ihr ohne Pause miteinander reden. Über alles, was im Leben vorkommt oder ausbleibt, Tag und Nacht, weil alles beredet werden muss. Besser ist, wenn einer von euch allein redet, sonst wird es zu laut, das wäre in diesem Falle ich, Günter. Der anderen Person muss nämlich alles erklärt werden, sonst weiß sie ja nichts. Das ganze Leben und Streben muss auf den Tisch, es ist festzulegen, was sie zu tun hat.

Die inneren Werte müssen abgesteckt werden.

Das Leben ist zu bejammern, die Eltern sind zu beschimpfen. Es darf kein Geheimnis mehr zwischen den Liebenden geben. Ist das jetzt klar? Na also!

Und so beschreibe ich ihr Tag und Nacht die Leiden meiner Froschseele, an welchen sie schuld ist, weil sie mich vielleicht gar nicht liebt. Ich beschreibe meine Wichtigkeit im Kosmos, meinen Nutzen für die Landwirtschaft und das Gleichgewicht des Staates und der Finanzämter. Damit sie weiß, wen sie vor sich hat.

Ich schütte ihr meine Seele vor die Füße, wie ein Vogelhändler das Vogelfutter vor seinem geliebten Kanarienvogel ausbreitet. Bis ich seelisch nackt vor ihr sitze, bekleidet nur mit meiner inneren Größe. Damit sie diese begreift. Günter, den Größten. Und sie begreift sie, das erkenne ich an ihrer Blickrichtung.

Wow!

Einmal sagte ich zu ihr: »Wir dürfen nicht so dumm vor
uns hinleben wie die Leute und Parteigenossen dieser
Welt. Wir müssen uns die Fragen des Lebens stellen
und den Kosmos erforschen, müssen unseren Geist
schleifen an den Rätseln der herrlichen Schöpfung des
großen Überfrosches dort hinter den Bergen. Also fragen wir uns heute einmal: Was ist der Sinn des Lebens?«

Da sie es freilich auch nicht sofort wusste, gingen wir hinaus in die Welt, um ihn zu suchen.

Zuerst kamen wir zum großen dicken Waldbären. Ich fragte ihn: »Was ist denn der Sinn des Lebens, mein Lieber? Du bist groß und dick und weise, also weißt du es wohl.«

Honig, Honig, Honig
sage ich euch, ihr kleinsten
Würmer dieser Erde — ist
der Sinn des Lebens.
Sonst nichts

Der Waldbär rief: »Honig, Honig und immer nur Honig, hahaha. Honig ist süß.«

Ich sagte: »Igittigitt, Honig! Der klebt ja an den Pfoten und am Hintern wie der Teufel, wenn sich einer draufsetzt. Falsch geraten, alter Junge.«

Wir gingen zum Löwen Hans mit der blauen Hose.

»Was ist denn der Sinn des Lebens, mein Lieber? Wir wissen, dass du es weißt.«

»Fressen, fressen, fressen«, rief der Löwe, »und an meiner Hose soll kein Knopf fehlen, das sähe erbärmlich aus, hahaha!«

Wieder falsch geraten. Weil es schietegal ist, ob mir ein Knopf fehlt oder nicht. Weil ich gar keine Hose habe.

Wir gingen zum Reiseesel Mallorca und ich fragte ihn: »Weißt du den Sinn des Lebens, mein gutes Lieberchen? So allgemein gesehen, nicht nur speziell für Esel.«

Und er wieherte: »Mallorca, Mallorca, ist doch wohl klar, oder? Ein kühles Bierchen am Strand zwischen die Ohren gezischt, und rundum muss alles billig sein, das wär's.«

»Falsch, falsch, falsch«, rief ich, »denn ein Frosch darf kein Bier trinken, sonst fällt er um. Falsch geraten, alte Schaluppe.«

Alsdann kamen wir zum glücklichen Maulwurf und ich fragte ihn:

»Was ist denn der Sinn des Lebens, du kleines Luderchen? Was sagst du?«

Er nuschelte durch die Nase: »Hier oben auf die Pfoten scheint mir die Sonne. Hier unten auf die Pfoten scheint mir die Sonne. Alles andere ist Unsinn, Irrsinn, Blödsinn, Sinnsinn, Tiefsinn, Sünde und Sündelfingel, jedoch Sindelfingen liegt im Schwarzwald. Für was brauch ich das zu wissen, hahahaha, wenn meine Pfoten warm sind!« Und er schlenderte zurück in seine Bude. War auch falsch geraten.

Nun trafen wir aber einen Vogel. Ich fragte ihn und er zwitscherte: »Fliegen, fliegen und immer fliegen.«

Und dieses kleine Tierchen hatte recht. Fliegen, Mücken und Regenwürmer, einen besseren Sinn gibt es nicht. Wir hatten nun den Sinn des Lebens gefunden und gingen nach Haus in den Karton zum Schlafen.

Morgen wird es Fliegen geben.

Nun wusste sie es und konnte mir
sehr dankbar sein. Oder?

Nur dürfen wir auch dann nicht aufhören, den Kosmos zu befragen, wenn wir schon alles wissen.

Also sprach ich ein anderes Mal: »Wo kommen wir

her und wo gehen wir hin, wir Frösche und Enten dieser Welt? Wer erschuf den Stadtparkteich und das
Weltall? Du musst alles wissen, meine liebe Ente.«

Diese Fragen konnte ich ihr jedoch selbst beantworten, und wir mussten nicht in die Welt wandern und andere fragen. Also erzählte ich es ihr auf der Bank im Stadtpark:

»Es war einmal ein großer, großer Übergünter und rundherum war nix. Nichts. Da war nur die totale Leere und Finsternis. Also sprach Obergünter: Lasset uns einen kleinen Günter machen ganz nach meinem Bilde und Gleichmut. Gleichnis muss es wohl heißen. Sauschön und herrlich wie ich, nur muss er mir gehorchen, ja! Und so erschuf er mich. Der ihm gleicht an Schönheit und Weisheit wie ein Hühnerei dem anderen Hühnerei. Weil ich aber einen Teich brauchte, um schwimmen zu lernen, goss er den Stadtparkteich voll mit Wasser. Und weil er mich liebte, nahm er aus einer Fichte eine hölzerne Rippe und schnitzte dich. Mit Rädern, damit du nicht laufen musst und mir dienst in Ewigkeit, amen. Also wurdest du aus Holz geschaffen, ich aber aus Frosch. Dann ließ er ein paar Mücken und Fliegen los, mir zur Labsal.«

Wie schön sind diese Abende auf der Parkbank. Da sitzen wir in Liebe nebeneinander und ich erkläre ihr alles und alles. Das ist doch das maximale Glücksgefühl des Existenzminimums, oder?

Die Leute werden mich vielleicht weiter fragen: »Aber das kann noch nicht alles sein in Ihrer großen Liebe zu dieser kleinen Ente, Herr Günter. In der großen Liebe gibt es viel mehr. Also, was ist es weiter?«

Ich sage es euch: Ich liebe sie fernerhin, weil sie nicht schnarcht. Sie bellt nicht, quietscht nicht mit den Rädern, wenn ich auf ihr reite, sie schläft still vor sich hin wie ein toter Lockenwickler und macht, während ich schlafe, keinerlei Radau. Wir Frösche lieben die Stille, damit man uns schön quaken hört. Eine Liebe muss geräuscharm sein wie ein Tabakwölkchen aus der Pfeife des Försters Pribam von Ostrachau oder ein Fliegenfürzel. Und in diese Stille quaken wir Frösche unser Nachtgebet. Amen.

Dazu kommt, dass sie auch nicht dumm ist. Wohl sieht sie ein wenig dumm aus, doch sie ist es nicht. Was man daran erkennt, dass sie nie redet. Wer nicht redet, hat mehr Zeit zum Denken, und wer ein Denker ist, ist wohl nicht dumm, oder? Sie kennt zum Beispiel so gut wie sicher wahrscheinlich beide Sorten des Einmaleins, also das kleine und das große. Sie versteht, was ich ihr sage, beherrscht, sagen wir mal, die Trigonometrie der Vierspaltenaufteilung, kennt alle Fortsetzungen der Zeitungsromane und könnte Bassnoten lesen, kämen diese in ihrem Leben vor. Woher ich das weiß? Weil ich sie liebe. In der Liebe muss die eine Person die andere Person unerschütterlich hoch schätzen. Und ferner: Wenn sie so dumm wäre, wie sie aussieht,

hätte sie niemals gewagt, mich zu erwählen, und wäre meiner gar nicht würdig – oder?

Und dann kommt wieder so eine Nacht, in welcher mich die große tiefe Einsamkeit befällt. Ihr kennt das, nicht wahr? Denn jede große Seele ist der kosmischen Einsamkeit ausgeliefert wie eine Vogelfeder dem Sturmwind. Da liegst du unter dem Firmament, vor dir der tiefe Abgrund der großen Liebe. Unter dir das eiskalte Feuer der Ungewissheit, und du weißt ganz sicher, dass dich wahrscheinlich keiner liebt, und deine seelische Glühbirne knallt durch. Lieber tot sein. Um dich herum nichts als die Leere und Finsternis, die Seele ist längst gestorben.

»Sie liebt mich, sie liebt mich nicht, sie liebt mich, sie liebt mich nicht ...«, du zählst es an den Sternen ab, der Mond wird nicht mitgezählt. Und dann die Katastrophe: Der letzte Stern bedeutet – sie liebt mich *nicht*.

Du stirbst immer mehr und erbärmlich vor dich hin. Und dann geschieht es: Ein Stern fällt vom Himmel, es war der letzte, der zuvor noch die Katastrophe bedeutete, nun zählt der vorherige: *Sie liebt mich!* Wow!

Schnell greifst du hinter dich, hoffst, dass sie noch da ist – und da ist deine Ente. Hat treu und ergeben hinter dir gewartet, und dann weißt du: So eine Ente kriegst du nie wieder, alter Junge. Oder Mädel, je nachdem, wer das hier liest.

Das sind die schönsten Siege, welche uns der große Überfrosch in diesem armseligen Leben schenkt. Und dafür wollen wir danken in alle Ewigkeit. Amen.

Außerdem liebe ich sie noch, weil sie nicht stinkt wie ein Schwein. Wo hat man das schon! Fast alle Lebewesen stinken. Sie riecht wohl ein wenig nach Ente, aber in der Liebe liebt man den Entenduft. Wohl riecht sie auch noch ein wenig nach Tiger, nach Spinat, nach Hamburger, Mückensalat, je nachdem, was ich vor dem Küssen aß. Jedoch kann ich sie mit Rosenwasser betupfen, und schon ist alles paletti. Wenigstens, was den Duft angeht.

Liebe muss nach Rosen duften. Ist das klar? Na also.

Manchmal brate ich ihr eine Regenwurmforelle.

»Wünschen Sie das Forellchen lieber gebraten oder gedünstet, mit Mandelchen in Buttersoße, paniert mit Fliegen, Mücken oder Petersilie aus der Tüte? Na?«

Und weil sie nicht antwortet, bereite ich das Mahl, so

wie es mir am besten schmeckt. Ein Mahl der Liebe gehört zu jeder großen Liebe. Hier das Rezept: Die Forelle flach legen, ein wenig Salz und Pfeffer, ein paar Mandelchen, satt Fliegen und Mücken und dann in Butter tipptopp braten – servieren. Merkt euch das!

Dann und wann kommt Weihnachten und ich zünde lichterloh ein Bäumlein an, weil das die Sitte und der Brauch so verlangen. Denn in der Liebe sind auch Sitte und Brauch vonnöten. Wir singen und quaken, was das Zeug hält. Ich mit der Stimme und sie quietscht mit den Rädern, indem ich daran drehe. Das klingt saugut, echt wahr.

Die Liebe darf nicht nur aus wildem Herumküssen bestehen. Wenn ihr davon genug habt, wendet euch auch mal den geistigen Werten des Lebens zu und diskutiert, was das Zeug hält. Ohne Ende, egal wer gewinnt. Und auch egal über was. Ich lese also jeden Tag die Zeitung und diskutiere ihr alles vor, was wichtig ist. Ich sage: »Die Politik! In der Politik sollte der Kasper König werden. Wenn der Kasper König wäre, wäre die Welt in Ordnung. Wir Frösche bekämen jede Sorte Unterhaltshilfe und satt Ökoteiche zum Laichen. Für jede Fliege, die wir fangen, bekämen wir zunächst eine Fangprämie und Schmerzensgeld für die Fliege, wenn wir sie fressen. Der Staat würde die Leute mit Blaubeerkuchen versorgen bis an den Kragen, und jeder Frosch könnte mit hohem Monatsgehalt studieren.«

Oder ich diskutiere ihr die Heiratsangebote aus der Zeitung vor: »Gut erhaltene Millionärsentenwitwe, kinderlose Nichtraucherin, sucht für die einsamen Abende am Kamin geeigneten grünlichen Herzkasper. Er sollte nicht stinken, nicht rülpsen und in gehobener Gesellschaft nicht furzen. Sollte möglichst Günter heißen. Eigener Kasten in goldener Luxusausführung vorhanden.«

»Siehste«, sage ich. »Siehste. Könnte ich alles haben.«

Dann ist sie sehr glücklich, weil ich bei ihr bleibe.

Weil ich sie liebe.

Oder ich lese ihr das Horoskop vor: »Krebse …, Fische …, Enten – Ihnen blüht heute das große Liebesglück. Achten Sie auf die Farbe Grün und den Buchstaben G, das ist ihr Glückssignal. Danken Sie so einer Persönlichkeit von Herzen und seien Sie ihr untergeben, sofern Sie ihr begegnen dürfen! Und merken Sie sich – solch eine königliche Persönlichkeit haben Sie eigentlich nicht verdient.«

Hier wäre ein Kleider=
schrank für Enten zu verkaufen.
58 Meter hoch. Mit Radar.
Kostet 8 Rubel .. oder so ..

Manchmal sitzen wir sonntags auf so einer Parkbank und betrachten die Schnösel, die da vorbeiflanieren. Geschniegelte Erpel in geklauten Designerklamotten. Fünfundzwanzigjährige Ötzis, faltig wie Trockenpflaumen, Casanovas, Glatzköpfe und Stinktiere. Dann beobachte ich mit meinem Scharfblick ihre Pupille. Wird sie beim Anblick eines solchen Schmachterpels größer – dann hat sie sich verknallt. Das ist so, weil ich in einer Zeitung las: »Vergrößert sich die Pupille beim Anblick eines frem-
den Erpels oder
einer fremden
Ente – zack,
dann hat es
geknallt.«

Zeitungen lügen nicht. Was soll ich euch sagen, meine Lieben? Ihre Pupille bleibt, wie sie ist, und das heißt – sie liebt nur mich. Das sind die Zeichen im Leben, die man im Auge behalten muss. Das ist die Sicherheit in der Liebe zwischen den Fröschen und Enten.

An musikalischen Tagen treibt mich die musikalische Leidenschaft ans Klavier. Nun habe ich aber noch kein eigenes Piano, weiß jedoch, wo die schwarzen und weißen Tasten liegen würden, hätte ich eines.

Also stelle ich meinen Karton auf und schlage zu. Ich gebe meiner geliebten Ente ein Konzert für sie allein. Klingt galaktisch saugut, Leute, und das sieht sie und

denkt: »Was ist mein Günter doch für ein begnadeter Goethe, wow!«

Solche Möglichkeiten der Bewunderung brauchen die Enten, merkt euch das mal und führt ihnen alles vor, was in euch steckt!

Die Leute haben längst gemerkt, dass sie wie eine Gazelle springen und wie eine wilde Nudel rennen kann. Also könnte. Sofern ich sie an der Schnur hinter mir herzöge. Warum also nehmen wir nicht an der Olympiade teil? Sieger sein in allen Disziplinen?

Ich sag es euch, warum nicht: Wir wollen nicht mehr siegen. Ich siege doch andauernd in meinem Leben, genug der Siegerei. Keinen Ruhm, keine Verehrung, wir wollen unsere große Liebe für uns allein im Karton. Bis zum Ende aller Zeiten.

Jedoch einmal wird jemand eine Oper komponieren, die wird heißen: *Wir lieben eine Tigerente.* Dann ist unsere wahre Siegerzeit gekommen. Wir beide werden auf allen Bühnen der Welt singen. Ich werde vorn auf der Bühne sein, das Volk wird jubeln, die Mädels werden quietschen, weinen und kreischen: »Günter – Günter – Günter, wir haben dich lieb.«

Sie werden mir ihre Schlüpferchen hinaufschleudern. Ich aber werde ihnen sagen müssen: »Ich liebe nur meine Tigerente. Tut mir echt leid, Mädels.«

Nachts werde ich mich in den Kasten legen und unsere Liebe wird ewig dauern. Wetten? Und nichts, nichts kann uns mehr trennen.

Nachwort
Eine mitreißende Beziehung

Der Frosch, die Tigerente
und die romantische Liebe

Um ein Dilemma der modernen Liebe zu illustrieren, habe ich vor Jahren mein geringes Zeichentalent in einer Karikatur erprobt: zwei Holzenten, mit einer Schnur verbunden. »Ich hätte so gerne eine mitreißende Beziehung!«, sagt die eine. »Ich auch!«, sagt die andere.

Als ich mir über ein Nachwort zu Janoschs *Ich liebe eine Tigerente* aus dem Jahr 1999 Gedanken machte, fiel mir diese Karikatur wieder ein. Janosch hat das Märchen vom Frosch, der entweder wachgeküsst oder gegen die Wand geworfen werden muss, um zum Prinzen zu werden, auf zeitgemäße Weise abgewandelt: Nicht die Prinzessin sorgt durch ihr dynamisches Handeln dafür, dass sich die Liebesbeziehung entspinnt, es ist der Frosch, der durch seine mitreißenden Bemühungen mehr oder weniger Erfolg in seinem Glück mit der Liebe hat.

In der Beziehungsrealität ist es ja leider meist so: Der gegen die Wand geschleuderte Partner wird einfach nicht zum Prinzen oder zur Prinzessin. Er fällt als lädierter Frosch zu Boden und sucht nun nach Wegen, die erlittene Kränkung heimzuzahlen. Liebe ist riskant, doch Janoschs Günter Kastenfrosch weiß genau, was er an seiner Tigerente hat: Sie kann ihm nicht gefährlich werden.

In Mozarts *Zauberflöte* (1791) verliebt sich der Prinz Tamino in das Bild Paminas, die Tochter der Königin der Nacht, die er befreien soll. Als sich die beiden zum ersten Mal erblicken, ist die Liebe da, so intensiv, dass sich Pamina ein Leben ohne Tamino nicht mehr vorstellen kann. Anders Papageno und Papagena: Ihre Beziehung beginnt als elender Kompromiss; ehe der Vogelfänger Papageno gar keine Frau abbekommt, nimmt er auch eine weniger attraktive. Berechnend schwört er ewige Treue – »bis ich eine Schönere finde!« Dann verliebt er sich aber doch in sie, weil er erkennt, dass Papagena just so ist wie er. Wie die abgewiesene Pamina, droht auch Papageno, sich umzubringen, weil er nicht mehr ohne Papagena sein kann. Doch am Ende wird alles gut: Die Liebenden sind vereint, und alle haben vergessen, dass nicht viel gefehlt hätte und unter dem erhängten Papageno hätte die erdolchte Pamina gelegen. Liebe führt in Extreme. Sie hat aber auch die Macht, Gespenster zu vertreiben.

Wie wenig verhängnisvoll ist da die Liebe zu einer Puppe. In seinem Märchen *Gockel, Hinkel und Gacke-*

leia (1837) bringt Clemens Brentano die Verwandt-
schaft von Puppe, Tod und Kunst auf einen Vers: *Keine
Puppe, es ist nur – eine schöne Kunstfigur.* E. T. A. Hof-
mann hat mit der Puppe Olimpia ein ähnliches Szena-
rio entworfen. In seiner Erzählung *Der Sandmann*
(1816), dem ersten Werk aus dem Zyklus der *Nachtstü-
cke*, begegnet der Student Nathanael den Ängsten seiner Kindheit. Die Figur des Sandmanns Coppelius aus
einem Albtraum, der ihn seit dem gewaltsamen Tod
seines Vaters begleitet, taucht in der Gestalt des Lin-
senschleifers Coppola wieder auf. Nathanaels Leiden
durch die angstbesetzte Liebe zu der Kunstfigur Olimpia endet mit dem tödlichen Sprung von einem Turm.

Die Puppenliebe hat sich in der Science-Fiction zu
Geschichten weiterentwickelt, in denen sich Mensch
und Maschine paaren. Seit es Filme gibt, spielen sie mit
dem sehnsüchtigen Erschrecken, dass die bezaubernde
Geliebte oder der liebevolle Mann in Wahrheit ein Ro-
boter, Cyborg oder Automat ist, täuschend echt nach-
geahmt, makellos und hingebungsvoll.

Aber sind die menschlichen Figuren wirklich ent-
täuscht, wenn sie merken, dass sie eine Maschine um-
armt haben? Erfüllt die Puppe nicht den Wunsch, voll-
ständig bestimmen zu können, was in der Liebe geschieht? Wecken die unberechenbaren Forderungen
und Drohungen der individualisierten, romantischen
Liebe nicht die Sehnsucht nach einer Partnerschaft, in
der die Zuverlässigkeit, die wir an Geräten bewundern,

optimale Erfüllung verheißt? Der Nutzer kann mit Bildern und Szenen machen, was er will, er kann sie herbeizaubern, speichern, löschen. In Psychoanalysen gewinnt man den Eindruck, dass vor allem Männer nach den Möglichkeiten der Pornowelt greifen, um sich sexuelle Erregung zu verschaffen, ohne auf Forderungen zu stoßen. Die Puppen stellen ihn niemals in Frage, anders als Partnerinnen, die sich Empathie und Sicherheit wünschen. Die Porno-Verfügbarkeit auf intimen Bildschirmen hat das Erleben von Sexualität um einen Schritt erweitert, dessen Folgen wir bisher nur ahnen können.

In der analytischen Praxis lässt sich beobachten, dass diese Form sexueller Befriedigung als angenehme Alternative zu den Anstrengungen gilt, die mit partnerbezogener Erotik verknüpft sind. Männer finden mit pornographischen Bildern eine ähnlich innige Beziehung wie Günter Kastenfrosch mit der Tigerente. Eine Beziehung, die doch auch großartig funktioniert. Aber womöglich kann der Frosch in seiner schamlosen Impulsivität nur Mut machen, sich wieder hinaus ins Leben zu wagen, wo sich Beziehungen entwickeln und nicht ein Ding den Menschen spiegelt wie die Wasserfläche des Quelltümpels den glücklosen Narziss.

Janosch schildert in der Geschichte von Günter und der Tigerente mit viel Oberfläche und gar nicht so wenig Tiefe die ungleiche Beziehung zwischen dem großmäuligen, geizigen und absolut selbstbezogenen Kastenfrosch und seinem Gegenpart, der stillen, unergründlichen Tigerente, die ganz Philosophin ist, weil sie immer schweigt. Günter hat die Geliebte gestohlen und bewundert sich selbst für sein Geschick. Im Grunde wird er aber des Raubes nicht froh. Wer so oft seine Liebe beteuert und so fordernd in seinem Begehren nach Gegenliebe ist, verrät Unsicherheit und Ängste.

Dennoch kann man von einer romantischen Liebe sprechen, denn es ist keine arrangierte Verbindung, in der sich eine Beziehung um gemeinsames Wirtschaften und die Produktion von Nachkommen konzentriert. Der Frosch verliebt sich, er kann nicht anders, und weil er sich selbst von seiner großen Liebe überzeugt hat, kann er sich seine Tigerente schönreden, schönspielen und nach Herzenslust herumschwadronieren. In der Tat geht die romantische Liebe davon aus, dass sie das Gegenüber *erschaffen kann, das ihrer wert ist.* Wirkliches Glück, vollkommene Geborgenheit darf dann nur *zusammen mit diesem* erlebt werden. Ihm etwas zu verschweigen, etwas nicht mit ihm zu teilen bedeutet Scheitern. Scheitern heißt Hoffnungslosigkeit, Verzweiflung, Sturz in den Abgrund, Verlassenheit und – Rache.

In den arrangierten Ehen war von Anfang an klar, dass es sich um einen *Pakt zwischen zwei Familien* handelt, *nicht* um ein von dem Paar bestimmtes Geschehen. Kinder trifft in der arrangierten Ehe nicht der Anspruch, die Liebesbeziehung zu komplettieren und die Wunschträume der Eltern zu verwirklichen. Ihre Geburt beweist, dass das Paar seinen Beitrag zur Sippe geleistet hat. Umgekehrt liegt die Verantwortung nicht allein bei dem Paar, sondern auch bei denen, die es arrangiert haben. Gemessen an den Risiken, welche die individualisierte Liebe mit sich bringt, scheint ihr traditioneller Gegenpart vernünftig. Aber so einfach ist die Sache nicht. Die Liebe wird in der Moderne eine Macht, die die Selbstverwirklichung beider Teile zu fördern verspricht. Und genau, weil sie dieses Versprechen auf unberechenbare und lückenhafte Weise immer wieder auch einmal erfüllt, hängen wir zäh an ihr.

In der Verhaltensforschung sprechen wir von dem Gesetz der *intermittierenden Verstärkung*. Sie garantiert eine erheblich stärkere Haltbarkeit des Erlernten als die *kontinuierliche Verstärkung*. Zur Illustration: Wenn ich dem bettelnden Hund ›immer sofort‹ etwas gegeben habe, habe ich dieses Verhalten nur wenig ›verstärkt‹ und kann ihm das Betteln abgewöhnen. Wenn ich ihm aber nur ganz gelegentlich einen Happen hingeworfen habe, wird er hartnäckig an seinem Betteln festhalten und es mir unmöglich machen, ihm andere Manieren beizubringen. Dieses in Experimenten wie in Alltagserfahrungen bestätigte Gesetz trägt zum Verständnis von Liebesrätseln bei – etwa der Bereitschaft von misshandelten Personen, an dem grausamen Partner festzuhalten. Gerade durch den Kontrast von meist leidvoller, ausnahmsweise aber höchst erfüllender Beziehung entsteht eine intensive Bindung. Sie kann dazu führen, dass ein Partner, der ›nur‹ einen entspannten Alltag anbietet, als Langweiler erlebt wird. Nicht die Bilanz wird dem Vergleich zugrunde gelegt, sondern die Höhepunkte. So könnten wir festhalten, dass die moderne Partnerschaft nicht deshalb fasziniert, weil sie oft gelingt und insgesamt befriedigender ist als die (arrangierte) Vernunftehe, sondern im Gegenteil: »Gerade weil sie mir so selten die Versprechen erfüllt, hänge ich so intensiv an ihr und bin bereit, ihr Scheitern nicht als Konstruktionsfehler zu deuten und den nächsten Versuch zu starten.«

Die Bereitschaft, Erlittenes zu vergessen und alle Hoffnung auf das seltene Gelingen zu setzen, hat die romantische Liebe triumphieren lassen und die Moderne verführt, auf diesem unsoliden, potentiell explosiven Fundament die vielseitige, bewegliche, manchmal traumatisierende, aber auch höchst kreative Kleinfamilie zu errichten. Während die traditionelle Ehe vorgeformte Bindungen unterstreicht, hat die individualisierte Liebe eine asoziale Komponente. Sie wächst aus einem heimlichen, nur den Liebenden bekannten Bund. Das Paar entscheidet, wann und wie Dritte Kenntnis von diesem Bund erhalten. Ebenso kann die Entscheidung, welches Verhalten liebevoll ist und welches nicht, im Konsens auch gegen eine Norm getroffen werden.

Wer sich mit der Liebe arrangiert (und die Zahl der mehr oder weniger, oft auch durch das Urteil von Freundinnen oder Freunden »arrangierten« Ehen ist nicht zu unterschätzen), muss die Kränkung verarbeiten, nicht alle seine Liebesmöglichkeiten auf eine Karte gesetzt zu haben. Wer sich nicht arrangiert, gerät unter beträchtlichen Druck, wenn die Liebe verschwunden ist, aber wirtschaftliche Notwendigkeiten und die Bindung durch gemeinsame Kinder die Versuche lähmen, eine neue Liebe zu finden. Wer mit solchen Paaren zu tun hat und sich in ihre Leiden einfühlt, ahnt die Macht des romantischen Liebesmodells und vertieft auch sein Verständnis für die Menschen, die sich von ihm abwenden wollen. Ist es nicht besser, wenn nur eine Person leidet, im Gegensatz zu zweien, die sich gegenseitig zerfleischen?

Ohne Humor wird das Ideal der romantischen Liebe unerträglich. Doch es benötigt Zeit und Geduld, den Humor zu finden. Die Paaranalyse bringt ein ironisches Element in die romantische Liebe. Im besten Fall hilft sie dem Paar, das bisher in Vorwürfen vertiefte Kränkungsgeschehen zu überwinden und zu den Augenblicken zurückzukehren, die den Beginn ermöglichten. Es ist zu simpel, sich grundsätzlich auf die Position zurückzuziehen, dass uns Regelwerke vor den Widersprüchen der Liebe schützen. Wer sie einführt, schränkt die Spontaneität ein und zahlt für den Gewinn an Sicherheit mit dem Verlust schöpferischer Lösungen.

Der Gedanke, dass die romantische Liebe durch Ironie erträglich wird, enthält auch den Versuch, Verliebten die Macht zurückzugeben, die ihnen die Helikoptermoral raubt. Paare können lernen, sich zu verständigen und sich gemeinsam zu entwickeln. Dafür müssen sie die Illusion loslassen, dass einer von ihnen das Richtige, Gültige in der erotischen Szene schon weiß. Wenige Klischees richten so viel Schaden an wie der feste Glaube, dass Liebespaare einander ohnehin verstehen und die Mühen der Verständigung nicht nur entbehrlich sind, sondern von minderem Wert, ein Makel der Liebe und damit auch des Ego.

Emotionen sind weder objektiv nachweisbar noch juristisch relevant. Vertrauenswürdig sind Kontrolle, Beleg und Beweis. Lust soll nachfragen, ob sie fortfahren darf. Sie hat sich der rationalen, belegbaren Kommunikation zu unterwerfen. Das soeben noch Gefühlte verliert sich auf dem Weg zum Wert. Politische Gruppen überbieten sich in ihrem Regulierungseifer. Gleichzeitig beobachten wir in den letzten Jahren eine wachsende Bereitschaft, im eifernden Urteil Höflichkeit und Diplomatie zu vernachlässigen. Die Neigung zum hastigen Bewerten ist ein Zeichen dafür, dass die Angst in der individualisierten Liebe wächst, weil ihr der Halt an Traditionen verlorengeht und die Partner alles selbst entscheiden sollen. Wer eine Situation nicht auf sich wirken lässt, ersetzt die Möglichkeit, etwas Neues zu erfahren, durch die Gewissheit, dass er bereits weiß, worum es geht. Rassismus und Fanatismus funktionieren auf diese Weise. Wer anders ist, ist Feind, alles ist klar, ich brauche nichts mehr zu verstehen. Ich darf vermeiden, und solange ich vermeide, fühle ich mich sicher.

Eros ist ein Dämon, er wirft ein flackerndes Licht. Wenn sich der oder die Angehimmelte als gemein und triebhaft erweist, ist das übel genug. Aber können wir daraus ableiten, es wäre auf jeden Fall besser gewesen, die Begegnung hätte nie stattgefunden? Das kalte Denken sagt: »Ja, auf jeden Fall.« Das warme Denken sagt: »Es kommt darauf an, wie sich die Sache entwickelt.«

Janoschs Geschichte greift diese Thematik vom Gegensatz der humorvollen und der moralischen Liebe auf, doch wirkt sie nicht durch Vorbild, sondern durch ironischen Kontrast: »So bescheuert und selbstbezogen bin ich auf keinen Fall; so duldsam und abhängig ebenso wenig.« Aber können wir uns da wirklich so sicher sein, haben wir uns von einer Liebe erst einmal mitreißen lassen?

Wolfgang Schmidbauer

Wolfgang Schmidbauer ist Kolumnist des ZEIT-Magazins und praktiziert als Psychoanalytiker und Paartherapeut in München.

Über Janosch

Als Horst Eckert 1931 in Zaborze (Polen) geboren, zog es Janosch nach Paris und München. Seit 1980 lebt er in Spanien, wo er in der Hängematte liegend die Sonne genießt. Er ist einer der erfolgreichsten und bekanntesten deutschen Kinderbuchautoren und wurde mehrfach ausgezeichnet, u.a. mit dem französischen und dem deutschen Kinder- und Jugendbuchpreis. Viele seiner Bücher erschienen in mehreren Sprachen und wurden millionenfach verkauft. Seit 2021 mischt sich Janosch mit *Wondrak für alle Lebenslagen* unter die Klassiker von Reclams Universal-Bibliothek.

Weitere Janosch-Titel im Reclam Verlag

Morgen kommt der Weihnachtsbär
ISBN 978-3-15-014312-4

Janosch
Morgen kommt der
Weihnachtsbär

Reclam

zum Lesen, Vorlesen und Träumen:

Wondrak für alle Lebenslagen
ISBN 978-3-15-014176-2